GUIDE

DE

L'ÉTRANGER A UZÈS

PAR

Lionel d'Albiousse

JUGE AU TRIBUNAL CIVIL D'UZÈS

MEMBRE DU COMITÉ DE L'ART CHRÉTIEN

ET ASSOCIÉ CORRESPONDANT DE L'ACADÉMIE DE NIMES

UZÈS

IMPRIMERIE H. MALIGE

—

1882

GUIDE

DE

L'ÉTRANGER A UZÈS

PAR

Lionel d'Albiousse

JUGE AU TRIBUNAL CIVIL D'UZÈS

MEMBRE DU COMITÉ DE L'ART CHRÉTIEN

ET ASSOCIÉ CORRESPONDANT DE L'ACADÉMIE DE NIMES

UZÈS

IMPRIMERIE H. MALIGE

—

1881

GUIDE DE L'ÉTRANGER A UZÈS

Presque tous les voyageurs qui arrivent à Uzès descendent à l'hôtel Ferdinand BÉCHARD, situé sur le boulevard et attenant à une ancienne chapelle qui formait autrefois, avec cet hôtel, le couvent des religieuses de la Visitation (1).

C'est là que nous prendrons le voyageur qui voudra bien nous accepter pour cicerone après qu'il aura goûté l'excellente cuisine de notre nouveau Vatel. Uzès a toujours été renommé pour sa bonne chère. Un grand poète, Racine, l'a dit en quittant cette ville en 1662 :

« Adieu ville d'Uzès, ville de bonne chère,
« Où vivraient cent traiteurs, où mourrait un libraire » (2).

(1) Ce couvent avait été primitivement une hôtellerie des plus renommées et on voyait encore du temps de ces dames, venues en 1650 pour l'instruction des enfants, les attributs de Bacchus sur la grande cheminée, avec des assiettes et des couteaux entrelacés en forme de trophée et de guirlandes. (Manuscrit Siméon Abauzit).

(2) Lettres inédites de Jean Racine par son petit-fils Adrien de la Roque, 1862, in-8°, p. 68. Racine était venu passer quelque temps chez son oncle maternel, le père Sconin, chanoine, grand-vicaire et prieur de St-Maximin.

En sortant de cet hôtel, nous tournerons à gauche pour suivre les boulevards que l'on a formés, comme ceux de Nimes, en comblant les fossés des remparts qui entouraient la ville (1).

A quelques pas de l'hôtel Béchard nous remarquerons à notre droite la belle façade ouest de l'habitation de la comtesse de la Rochette, style renaissance, en pierres blanches de Brouzet, et en face la promenade de l'Esplanade (aujourd'hui avenue de la gare), avec le **Temple Protestant** (Voir page 55).

Plus loin, sans quitter le boulevard, on arrive au lieu dit le Moutas, où viennent aboutir, du côté du midi la rue Massargues, où se trouvent le musée Rousset, fort curieux à visiter, et la maison Verdier-Allut (2), et du côté du nord deux routes dont une, celle de Saint-Ambroix, était destinée à mettre en communication Uzès ou plutôt Nimes et Montpellier avec Paris, en passant à travers l'Auvergne (3). A un kilomètre de cette route se trouvent, à droite, les ruines de l'**Église St-Geniès** (Voir page 35), et un peu plus loin, à gauche, le domaine de Mayac, dit Mas-Viel, où l'on remarque des grottes récem-

(1) En 1725, le duc et l'évêque d'Uzès consentent à ce que les fossés de la ville soient comblés et transformés en promenades (Voir archives municipales d'Uzès, B. B. 17). Pendant tout le cours du moyen-âge, les portes d'Uzès furent au nombre de quatre, la porte St-Julien au nord-est, la porte Condamine au nord, la porte St-Etienne à l'ouest, et la porte de la Barrière au midi. Une cinquième porte fut ouverte en 1718 par le duc d'Uzès, à l'entrée de la rue Massargues; elle fut appelée porte Ducale.

(2) Mme Verdier-Allut, née à Montpellier le 16 janvier 1745, poète et musicienne, décédée à Uzès.

(3) Voir délibération du conseil politique d'Uzès, le 30 janvier 1766, pour remercier le duc d'Uzès d'avoir bien voulu, de concert avec l'évêque, obtenir pour Uzès la route de Paris par l'Auvergne.

ment découvertes dont on ignore l'origine et la destination.

En continuant notre promenade sur les boulevards, nous arrivons à la place du Marché, à laquelle aboutissent deux rues principales, la rue Masbourguet, où est né le peintre SIGALON, en 1788, et la rue Condamine, devant laquelle se trouvait autrefois la TOUR BANASTIÈRE, appartenant au duc d'Uzès, et qui fut démolie en 1763 pour faciliter l'entrée de cette rue sur la place du Marché (1). Cette place est aujourd'hui ornée d'une fort jolie fontaine et on y remarque l'ancienne **Église des Capucins** (Voir page 31). Puis nous voyons apparaître l'Hôtel de Ville, à gauche les casernes, et au fond la silhouette de la statue de l'amiral de Brueys, à l'entrée de la promenade dite des Marronniers.

Mais avant d'y arriver arrêtons-nous quelques instants, non pas devant l'Hôtel de Ville, nous y reviendrons, mais devant les casernes et quelques maisons particulières.

Les casernes ont été construites vers le milieu du siècle dernier sur un emplacement servant de cimetière à l'ancienne église St-Julien. Elles ont coûté à la ville plus de 100,000 fr. et peuvent contenir environ 800 hommes. Avant la construction de ces casernes, les troupes étaient logées dans la Grande-Bourgade, dans les maisons Le Merle et St-Eloi (2).

Un peu plus bas, presque en face de la rue qui mène au collège, se trouve l'hôtel de Cabiron (aujourd'hui Odol) qui était autrefois un grand sémi-

(1) Voir registre des délibérations de la ville d'Uzès en 1763.
(2) Voir archives d'Uzès, administration municipale, 1739, 1741, 1748, 1755.

naire, bâti en 1715 par Mgr Poncet de la Rivière, 61e évêque d'Uzès. Presque immédiatement après et du même côté se trouvait l'**Église St-Julien** (Voir page 37), transformée aujourd'hui en maison bourgeoise.

Enfin nous arrivons en face de la **Statue de l'amiral de Brueys** (Voir page 53), ayant à notre droite la rue St-Julien, où était autrefois la porte crénelée de ce nom, et à gauche la route de Pont-St-Esprit, qui mène à plusieurs villages du canton d'Uzès : St-Quentin, renommé par sa poterie; Vallabrix, où l'on remarque un reste de façade d'un vieux château dont l'architecture parfaitement conservée est de l'ordre corinthien ; St-Victor-des-Oules, Flaux (1), St-Siffret, avec leurs châteaux, dont le plus remarquable est celui de St-Siffret, qui appartenait autrefois au prévôt du chapitre de la cathédrale d'Uzès, et aujourd'hui à M. H. Abauzit, banquier de cette ville. Mais ce serait trop long de conduire notre voyageur dans tous ces villages. Il vaut mieux rester sur la promenade des Marronniers, d'où il verra la plupart des villages que nous venons d'indiquer, et sans porter ses regards si loin, qu'il contemple le spectacle qui s'offre tout près de lui. C'est le **Parc** (Voir page 44), appartenant aujourd'hui au duc d'Uzès, et qui était autrefois la propriété de nos évêques, ainsi que la promenade des Marronniers; plus loin le roc Sarbonnet (sarre bonnet) mots patois qui signifient : tenez bien votre chapeau, probablement à cause du vent qui souffle parfois très fort.

Arrivons jusqu'au milieu de la promenade, près de ce gracieux jet d'eau entouré d'une double couronne de fleurs et de fer.

(2) Le château de Flaux appartient à M. A. de Flaux, littérateur, né à Uzès.

Nous voyons le vallon de l'Eure *(aura*, vent, il souffle très fort aussi dans ces parages), fontaine si gracieusement représentée par Pradier dans le groupe en marbre qui orne l'Esplanade de notre chef-lieu. C'est à cette fontaine que les Romains étaient venus prendre ses eaux pour les amener à Nimes, en les faisant passer sur le magnifique Pont-du-Gard. A gauche, sur la hauteur, on aperçoit la terrasse de la **Périne** (Voir page 49), où se livrèrent tant de combats durant les guerres religieuses.

En continuant notre promenade au bord de la terrasse des Marronniers, nous apercevons le haut d'une tour dite du **Tournal** (Voir page 57). Peu après, à l'extrémité de la promenade, le paysage change, c'est un autre point de vue. Mais pour bien le juger, allons à l'autre extrémité de la promenade, en laissant à gauche le **Pavillon Racine** (Voir page 46), ainsi appelé du nom de notre grand poète ; plaçons-nous sur cette terrasse, à peu près carrée, qui est à l'angle de la promenade, au dessus d'un lavoir public. Quel magnifique panorama ! C'est la terre de Préville, où l'on trouve les restes de l'aqueduc romain qui conduisait à Nimes les eaux de la Fontaine d'Eure, le joli château Bérard, avec toutes ses dépendances, ses ombrages touffus, ses rochers pittoresques qui abritent un **Temple des Druides** (Voir page 57); au fond l'ancienne usine à soie Téraube; plus près le mamelon de St-Ferréol, sur lequel avait été bâtie, au VIᵉ siècle, une église et un couvent des Augustins, transformés en citadelle par le duc de Rohan durant les guerres religieuses, démolis ensuite par le maréchal de Bassompierre, d'après les ordres de Louis XIII; la promenade du Portalet (du nom d'une petite porte construite autrefois dans le

rempart), tout à fait au sud de la ville où Louis
XIII fit pratiquer une brèche (ce quartier en porte
encore le nom), comme dans une ville conquise ;
les tours, savoir : la petite tour surmontée de la statue
de la Ste-Vierge, qui s'élève du fond de l'établissement
des Frères des Écoles chrétiennes ; la tour de la
prison avec ses machicoulis, autrefois le château
royal où Louis XIII voulut descendre, en disant qu'on
était mieux chez soi que partout ailleurs ; la tour de
l'horloge, appartenant autrefois aux évêques et aujourd'hui à la ville, enfin la tour du Duché, avec
ses quatre tourelles crénelées (1).

A l'exception de la petite tour des Frères des
Écoles chrétiennes, récemment construite (2), ces tours
représentent les divers pouvoirs qui régnaient dans
la ville, si l'on y joint par la pensée la tour Barrebiou, qui était attenante à l'ancienne église St-
Etienne (3). Ces quatre pouvoirs étaient ceux du Roi,
du Duc, de l'Evêque et des Consuls. De ces quatre

(1) Les trois tours du Duché, de l'Evêque et de la Prison appartenaient
anciennement à la Maison d'Uzès et avaient été édifiées par des membres
de cette illustre famille. La tour du Duché était celle de la branche aînée,
qui l'a conservée encore aujourd'hui, les autres étaient parvenues par
succession à des collatéraux qui, ayant quitté le pays, les vendirent à
l'évêque et au roi ; à l'évêque vers le milieu du XIIIe siècle, et au roi
Charles VIII en 1497. Voilà comment, outre sa qualité de seigneur suzerain, le roi était seigneur direct d'Uzès pour 1/4, et l'évêque pour un
autre 1/4. L'autre moitié de seigneurie appartenait au Duc, mais en 1721,
par suite d'un échange, le duc obtint le quart du roi. L'évêque seul con-
serva sa seigneurie du 1/4, ce qui donna lieu à de nombreux procès entre
les ducs et les évêques d'Uzès.

(2) Elle est due à la munificence des habitants d'Uzès.

(3) En 1766, lors de la reconstruction de l'église St-Etienne, on bâtit
sur les fondements de cette tour celle des chapelles qui est du côté des
faubourgs, c'est-à-dire celle de la Ste-Vierge. En effet, si on suit l'ancien
mur de la ville de la rue de la Barrière à l'église qui s'apelle le Barri,
on voit que ce mur passait juste à cet endroit où s'élève la chapelle.

pouvoirs, le plus ancien était celui de l'Evêque, le moindre le pouvoir consulaire, mais le plus considérable, à partir de 1721, fut celui du Duc, qui par suite de la cession au roi de la terre de Levis, près de Versailles, obtint presque tout le pouvoir royal dans Uzès.

Mais au lieu de diriger notre esprit vers le temps passé, dirigeons nos pas vers le nord de la ville ; nos regards seront peut-être plus satisfaits encore par la vue du magnifique clocher classé parmi les monuments historiques, seul vestige d'une cathédrale détruite pendant les guerres religieuses, rebâtie dans un autre style au xviiᵉ siècle, et attenante au palais épiscopal. Cette demeure était trop vaste pour le curé-archiprêtre de la cathédrale. On lui a bâti en 1862, sous l'administration de M. de Labruguière, maire d'Uzès, un presbytère dont le style se rapproche de celui du clocher. Il est bon de pénétrer dans la **Cathédrale** (Voir page 26), et tout au moins dans la cour du **Palais Épiscopal** (Voir p 3).

En sortant de là on remarque l'hôtel du baron de Castille, avec ses nombreuses colonnes ornées d'un C et d'une R, qui signifient Castille-Rohan (1). Maintenant il s'agit de pénétrer dans l'intérieur de la ville, de quitter ces magnifiques boulevards pour s'enfoncer dans des rues étroites, peu animées. Pour cela, nous laisserons à droite l'hôtel du baron de Castille, pour suivre la rue qui fait le prolongement de la façade de cet hôtel. Au bout de quelques pas nous nous trouverons dans la rue de la Monnaie, une des principales et des mieux habitées avant la révolu-

(1) Le baron de Castille avait épousé une princesse de Rohan-Guémené.

tion et qui doit son nom à l'**Hôtel de la Monnaie** (Voir page 38), appartenant jadis aux évêques d'Uzès, situé à l'angle de l'hôtel de Castille, dans cette rue.

L'angle opposé du côté du nord est formé de deux maisons, l'une à M. Moulin, notaire, dans la rue de la Monnaie, ancienne maison Chambon-Latour (1), et l'autre dans la rue Boucairie, appartenant à M. Malige, imprimeur, autrefois maison de Brueys, où est né l'amiral dont la statue décore la promenade des Marronniers.

Si le voyageur n'est pas trop pressé nous pouvons, tournant à gauche, suivre cette rue de la Monnaie jusqu'à une petite place où se tenait autrefois le marché du mardi et nous lui ferons remarquer en passant plusieurs maisons, la maison Baragnon (2), en face de la rue de la Calade, aujourd'hui Régis Deleuze, avocat ; la maison Correnson, appartenant autrefois à M. de Rafin, conseiller au parlement de Toulouse, et plus antérieurement aux évêques, lorsqu'à la suite des guerres religieuses le palais épiscopal fut détruit ; la maison de Robernier-d'Amoreux, qui servit d'asile au cardinal Pacca, que Napoléon avait exilé à Uzès ; en face, l'ancienne maison du Lac, aujourd'hui à M. Henri Abauzit ; tout à côté la maison Teissier, autrefois maison diocésaine, à laquelle était attenante la chapelle de St-Laurent, transformée en remise (3) ; presqu'en face, la maison Coq,

---

(1) Jean-Marie Chambon La Tour, né à Uzès en 1750, maire et député de cette ville aux Etats généraux. M. Chambon, président honoraire du tribunal civil de Nîmes, décédé en 1881, en était le petit-fils.

(2) M. Baragnon, juge-mage à Uzès, dont un des descendants est M. Louis-Numa Baragnon, sénateur inamovible, ancien député du Gard.

(3) C'est sur cet emplacement qu'avait été construit l'ancien hôtel de ville, détruit par un incendie en 1763.

autrefois de Pougnadoresse, remarquable par la grille de son escalier intérieur et les peintures du grand salon au rez-de-chaussée, qui sont attribuées au peintre Subleyras, né à Uzès en 1699 ; enfin, tout à côté de la porte de la maison Coq, la porte en fer de la prison, autrefois château du roi, cédé au duc d'Uzès en 1721, et vendu, lors de la révolution, au département. Mais comme il est possible que le voyageur ne veuille pas ainsi aller jusqu'à la prison, nous continuerons ensemble notre promenade du point où nous étions, dans la rue de la Monnaie, et nous entrerons dans la rue Boucairie (que l'on devrait bien appeler rue de la Crypte), pour aller frapper à la porte de l'établissement des dames de St-Maur (maison de Croi) (1), avec prière de nous montrer la **Crypte** (Voir page 17), ce qu'elles feront volontiers. Nous aurons la précaution de sortir ensuite par la chapelle de ces dames (2) et nous nous trouverons sur la place du **Duché** (Voir page 21), qui s'étend jusque devant l'**Hôtel de Ville** (Voir page 39).

Après avoir visité ces deux monuments, dont le premier est très remarquable à plus d'un titre, nous nous dirigerons vers le couchant, dans la rue Condamine (du latin *condominus,* co-seigneur), laissant à notre droite le boulevard que nous avons déjà parcouru ; nous suivrons la rue Condamine (3)

(1) Jean de Croi, ministre protestant à Uzès, où il mourut le 31 août 1659.

(2) Cette chapelle, ainsi que l'établissement y attenant, appartenait aux Jésuites. Louis XV, par lettres patentes du 17 juin 1763, avait ordonné la vente de leurs biens. Ce couvent fut acheté par la ville en 1766 et affecté depuis lors à l'école des Sœurs de St-Maur.

(3) C'est dans cette rue que se trouvait le présidial, dont on voit les restes dans la cour du Café de Paris.

jusqu'à l'hôtel de Dampmartin (1), où nous admirerons une des dépendances de cet hôtel, occupé actuellement par un boulanger et qui offre des fenêtres ornées de fort belles arabesques, chef-d'œuvre de l'architecture de la renaissance.

Nous traverserons la place du Puits-des-Cercles, où se trouve la maison Abauzit (2) et nous entrerons dans la grande place, ornée d'arceaux, appelée place aux Herbes, où nous remarquons une fontaine appelée monumentale, construite en 1854, et qui contient, coulés dans le bronze, les noms des maire, adjoints et conseillers municipaux de cette époque. C'est sur cette place qu'on avait établi autrefois le *costel*, sorte d'exposition des malfaiteurs.

Jetons un coup d'œil sur diverses maisons de cette place, en commençant par le nord : la maison Fournery, avec sa tourelle si remarquable ; la maison des Commis, ancienne maison d'André de St-Victor ; la maison Duclos, autrefois de Fontarèches (3) ; la maison de la Rochette, dont la salle à manger est ornée de statuettes en bronze d'un très grand prix, et le salon de réception, décoré de magnifiques tapisseries de Beauvais ; la maison de Trinquelagues-Dions (4),

(1) Anne-Henri de Dampmartin, littérateur, né à Uzès le 30 juin 1755, mort le 12 juillet 1825. Il fut créé vicomte en 1815. Son père avait été commandant pour le roi à Uzès. Le représentant actuel de cette famille est le vicomte Anatole de Dampmartin.

(2) Elle appartient aujourd'hui à M. Ludovic Abauzit, juge au tribunal d'Uzès et parent de Firmin Abauzit, célèbre écrivain, né à Uzès le 11 novembre 1679, mort à Genève le 30 mars 1769.

(3) Le baron de Fontarèches habite actuellement Besouce. Il possède à Fontarèches un château fort remarquable.

(4) Au commencement de ce siècle, la Cour de Nimes était présidée par le baron de Trinquelague-Dions.

la maison Coste (1) avec sa porte si originale ; la maison de Labaume (2) et enfin, attenante à un pâté de maisons destinées à disparaître un jour, la maison Ferrand.

Après avoir presque contourné la place, nous arrivons dans la rue des Crottes et de là à la place Austerlitz, place créée en 1806 par la démolition de l'île des Irondes, près de laquelle se trouve l'établissement des Frères des Ecoles chrétiennes.

Une dernière rue nous reste encore pour sortir de l'intérieur de la ville, c'est la rue Barrière, qui contient plusieurs maisons jadis importantes, notamment celle de M. Marignan, où se trouve, au premier étage, une cheminée à peu près semblabe à celles que l'on admire dans les salons de notre Sous-Préfecture.

Enfin nous nous trouvons en face de la route de Nimes, qui conduit au lieu dit les **Justices** (Voir page 42), où l'on pendait les condamnés, et en prenant l'embranchement de la route d'Avignon, aux ruines de l'**Eglise St-Eugène** (Voir page 34). Mais ce serait aller bien loin pour peu de chose ; contentons-nous de tourner à gauche pour visiter, tout près d'une pompe, une maison ornée de frises à l'intérieur et qui passe pour être l'ancien palais épiscopal.

---

(1) Pierre Coste, écrivain, né à Uzès, mort à Paris en 1747.

M. Coste, avoué à Uzès, membre du Conseil général du Gard, possède deux originaux du peintre Arnaud Le Vieux, son parent.

(2) Naguère, les deux frères de Labaume, fils eux-mêmes d'un avocat général, étaient, l'un premier président de la Cour d'appel de Nimes, et l'autre premier président de celle de Montpellier. Aujourd'hui, la branche aînée de cette ancienne famille d'Uzès est représentée par M. Maurice de Labaume, président du tribunal civil de notre ville, et la branche cadette par M. Maxime de La Baume, président à la Cour d'appel de Montpellier et propriétaire du château de La Baume, près d'Uzès, ancien fief de sa famille.

Remontons ensuite le boulevard (on y remarque encore des vestiges des remparts d'Uzès), vers l'**Eglise St-Etienne** (Voir page 32), ornée de sa terrasse d'où s'élevait autrefois, au point où elle s'arrondit, la tour Barrebiou, qui constituait la prison de la ville.

En montant un peu plus haut on rencontre à droite la **Porte St-Etienne** (Voir page 52), porte flamande, construite en 1764, qui a remplacé l'ancienne porte, celle par où les évèques nouvellement nommés faisaient leur entrée dans la ville.

Encore quelques pas sur le boulevard, et en laissant à gauche la rue Grande-Bourgade, qui mène à l'ancienne caserne St-Eloi, à la maison Merle (1), et à la Tour-du-Roi, aujourd'hui démolie (2), nous nous retrouvons devant l'hôtel Ferdinand Béchard, où nous laisserons le voyageur, pour se reconforter, si c'est nécessaire, de sa promenande dans Uzès.

---

(1) Mathieu Merle, baron de Salvas, fameux capitaine, né à Uzès en 1550 et décédé en 1600.

(2) La Tour du Roi, située au bas du faubourg de la Grande-Bourgade, aujourd'hui marché aux cochons, était une forteresse construite en 1285, sous Philippe le Bel, par Pierre de Brueys, qui était lieutenant du sénéchal de Nimes et Beaucaire. Il lutta à cette occasion avec succès contre l'archidiacre du chapitre d'Uzès, Guilhaume de Mandagou, qui prétendait que le terrain sur lequel on bâtissait cette tour relevait de son bénéfice. L'ancien chemin de Nimes, celui de Sommières et celui de Montpellier, y aboutissaient.

Cette forteresse fut complètement rasée par les ordres de Louis XIII.

LES MONUMENTS D'UZÈS

LA CRYPTE

—

La Crypte, creusée dans le rocher à quatre mètres de profondeur, est située sous l'établissement municipal des dames de St-Maur. C'est là que nos pères, durant la persécution du paganisme, venaient se cacher et prier, comme les premiers chrétiens de Rome aux catacombes.

Ce précieux monument fut probablement dévasté par les Sarrasins. Il était tombé dans l'oubli, lorsqu'après un intervalle de plusieurs siècles, il fut découvert en partie, vers la fin du XVIIe siècle, par les Jésuites, alors propriétaires de la maison occupée aujourd'hui par les dames de St-Maur; mais sa découverte complète, comme sa restauration ne datent que de ces dernières années, et ce fut le 5 juin 1877 que Msr Besson, évêque de Nimes, Uzès et Alais, le rendit au culte (1). Aujourd'hui on pénètre très facilement dans ce vénérable sanctuaire, qui se compose d'une *nef* assez spacieuse et d'un *sanctuaire*.

(1) Voir *Guide archéologique dans la Crypte d'Uzès*, par Lionel d'Albiousse, avec des dessins de M. Léon Allègre, fondateur du musée de Bagnols. (Prix 1 fr. au profit de l'œuvre).

2

La Nef

L'entrée actuelle se trouve dans un tunnel qui met en communication l'école municipale des dames de St-Maur avec la maison de Croy, achetée par ces dames pour y établir un pensionnat.

Des escaliers creusés dans le rocher permettent d'arriver dans la Crypte, en coupant à angle droit l'ancienne et étroite entrée des premiers chrétiens. On y arrivera bientôt aussi en passant du côté du midi, à travers des rochers artificiels, œuvre de M. Faucon, d'Avignon.

L'ancienne entrée. — En entrant dans la Crypte et tournant à droite, on remarque à l'angle même du monument une petite ouverture entièrement creusée dans le rocher, d'une largeur de 0m60 et à 2 mètres en contre-bas du sol de la Crypte. C'est par là que les premiers chrétiens, à l'aide d'un escalier de bois ou de pierre, pénétraient dans la Crypte pour s'y cacher et prier.

La *pierre atracienne.* — Tout près de cette entrée a été placée, sur la paroi du rocher, une grande plaque de marbre blanc au milieu de laquelle a été fixé un petit carré de marbre vert antique, d'une grande beauté, appelé pierre atracienne, provenant des catacombes Romaines.

Cette pierre atracienne, accompagnée d'une lettre, fut adressée à M. Lionel d'Albiousse par S. S. Pie IX, pour *marquer le lien de la même foi et de la même charité qui unit les premiers chrétiens de Rome à leurs frères des Gaules.*

Le Baptistère. — Sur la paroi du rocher qui fait face à la porte d'entrée on remarque, sculptée en demi relief sur le rocher, une figure entourée d'un nimbe, sorte d'auréole qui entourait autrefois comme aujourd'hui la tête des saints. Chose curieuse, les yeux de cette figure sont représentés par deux morceaux de verre bleu coupé grossièrement en pentagone irrégulier. Les autres traits de la figure sont assez effacés, le nez a presque entièrement disparu, mais on peut encore distinguer le front, la bouche, la barbe et les oreilles. C'est évidemment St Jean-Baptiste qu'on a voulu reproduire, et la vasque placée auprès de ce saint indique encore plus un débris de baptistère.

Les niches. — La Crypte offre aux regards plusieurs niches, non-seulement dans la nef, mais encore dans le sanctuaire, dans lequel nous pénétrerons tout à l'heure. Quelques-unes sont surmontées d'une petite croix, et l'une d'elles, plus profonde que les autres, porte des traces de fermeture. On devait les utiliser pour y mettre soit des lampes, soit des objets précieux et peut-être même des fioles contenant le sang des martyrs.

Le nouvel autel. — Les exigences du culte actuel ne permettant pas de célébrer la messe dans le sanctuaire de la Crypte, j'ai fait dresser un autel au fond de la nef. C'est un magnifique bloc de marbre blanc veiné, de 1^m96 de long sur 0^m96 de large, sur un pied monolithe. Ce fut jadis la table de l'autel de l'église des Cordeliers, située près du temple protestant et qui fut détruite par les Routiers. Cette table fut découverte en 1854, lorsqu'on créa la promenade de l'Esplanade. Elle fut transportée à l'hospice, où je l'ai prise pour la placer dans la Crypte.

C'est à ce nouvel autel que S. G. Mgr Besson, le 5 juin 1877, jour de l'inauguration de la Crypte, a dit la première messe, assisté de M. Clastron, son vicaire-général, de M. Pélissier, curé-archiprêtre de la cathédrale, et de M. le chanoine Carlo, rédacteur de la *Semaine Religieuse* de Nîmes.

Le Sanctuaire

Ce sanctuaire était, avant sa découverte, un réceptacle d'immondices. Comme la nef, il est entièrement creusé dans

le rocher, et les trois parois dont il se compose sont dignes
d'intérêt. La première, à gauche, représente une figure du
Christ, celle du milieu l'*autel*, celle de droite la *grande niche*.

Le *Christ*, de grandeur naturelle, est grossièrement
sculpté en demi relief sur le tuf, mais il n'en est pas
moins remarquable. Il est revêtu d'une longue tunique,
dont les manches ne recouvrent que la moitié des bras. Sa
coiffure rappelle par sa forme asiatique celle du grand
prêtre de l'ancienne loi. Sa figure est jeune et pleine de
puissance, la barbe est bifurquée, en tout semblable au portrait envoyé par Lentulus au sénat romain. L'attitude du
Christ de notre crypte est bien celle qu'on donne au Sauveur du monde après sa résurrection, c'est-à-dire les bras
étendus et triomphants. On le représentait ainsi dans les
premiers siècles de l'Eglise, « soit, nous dit notre illustre
évêque Mgr Besson, pour tromper la vigilance des païens,
soit pour consoler la foi des cathécumènes par le spectacle
de la résurrection et de la vie. »

Quelques savants croient voir dans cette figure du sanctuaire de la Crypte une *orante* (du mot latin *orare*, prier);
mais christ ou orante, elle n'en est pas moins fort digne de
fixer l'attention du monde savant.

L'autel se trouve en face de la porte d'entrée. Ce qui
frappe tout d'abord, c'est une espèce de chaise curule, de
forme arrondie, et dont un des bras, celui de droite, est parfaitement dessiné. C'était la place de l'évêque, qui, dans
les premiers siècles de l'Eglise, se tenait toujours derrière
l'autel. Au-dessous de cette chaire curule se trouve une
échancrure dans le rocher, destinée à recevoir quelque
grosse planche. Une seconde planche, formant un angle
droit avec la précédente et lui servant de point d'appui,
devait pénétrer dans la rainure de la paroi de droite dont
je vais parler. Les deux planches ainsi placées devaient
servir d'autel.

La *grande niche*. — Il est bien difficile de connaître la destination de cette grande niche. Peut-être a-t-elle été creusée pour permettre plus facilement à l'évêque d'aller s'asseoir dans sa chaise curule, peut-être aussi plaçait-on là une armoire destinée à contenir les objets précieux du culte.

En outre de cette grande niche on en remarque encore deux petites, se faisant presque face l'une à l'autre et surmontées de petites croix. Deux autres croix, bien dessinées, se voient encore au-dessus de la porte d'entrée et au-dessus de l'autel.

Tel est ce monument remarquable, qui a excité l'intérêt non-seulement de l'église, mais du monde savant.

LE CHATEAU DUCAL

DIT LE DUCHÉ

Le Duché se trouve sur le point le plus culminant de la ville, et probablement à l'endroit même où les Romains avaient établi leur camp retranché pour soumettre les Volces Arécomiques, anciens habitants d'Uzès.

Il se compose d'un ensemble de constructions de diverses époques, présentant plus particulièrement au dehors l'aspect des fortifications du moyen-âge. Cet aspect est imposant et révèle la puissance de cet ancien et illustre fief, qui autrefois relevait directement de la grosse tour du Louvre à Paris.

L'ancienne porte du Duché, à pont-levis, était jadis plus rapprochée de la tour ronde, dite de la *vigie*, que l'on remarque au couchant et au-dessous d'une vaste salle d'armes qui s'écroula il y a plusieurs années.

La porte d'entrée actuelle, plus au levant, est ornée de belles colonnes de granit qui proviennent des exploitations des Alpes françaises. Elle est surmontée des armoiries du duc d'Uzès, qui sont : écartelées au premier et quatrième quartier, partie fascé d'or et de sinople, qui est de Crussol, et d'or à trois chevrons de sable, qui est de Lévis; aux deuxième et troisième, d'azur à trois étoiles d'or en pal, qui est de Gourdon-Genoulhac, et d'or à trois bandes de gueule, qui est de Galiot-Genoulhac; sur le tout de gueules à trois bandes d'or, qui est d'Uzès.

L'écu surmonté d'une couronne ducale et pour cimier une tête de lion avec deux lions d'or pour support, le tout sur le manteau ducal. La devise est : *Ferro non auro.* Les armes de la maison d'Uzès sont à la première salle des croisades. Sous la monarchie légitime, elles passaient les premières après celles du roi et avant toutes celles des maisons nobles de France. (1)

---

(1) Uzès n'était primitivement qu'une seigneurie, sous la suzeraineté du comte de Toulouse d'abord, et du roi ensuite à partir du XIIIᵉ siècle; mais Robert, seigneur d'Uzès, combattit si vaillamment à la bataille de Cassel, gagnée sur les Flamands révoltés, le 23 août 1328, que le roi Philippe de Valois érigea la seigneurie d'Uzès en vicomté, par lettres patentes datées du camp, près d'Ipres, le 4 septembre 1328. (*Histoire du Languedoc*, t. 7, page 96).

Vers la fin du XVᵉ siècle la descendance mâle de Robert s'éteignit en la personne de Jehan, vicomte d'Uzès, dont la fille Symone épousa, le 24 juin 1486, Jacques, comte de Crussol, grand chambellan et grand panetier de France, gouverneur du Dauphiné.

Plus tard, la vicomté d'Uzès fut érigée par Charles IX en duché, par lettres patentes datées de Mont-de-Marsan, au mois de mai 1565, et en pairie par de nouvelles lettres datées d'Amboise, en février 1572.

C'est ainsi que par l'ancienneté de son duché-pairie, le duc d'Uzès était, avant la révolution, le premier *duc* et *pair* de France et marchait dans les cérémonies immédiatement après les princes du sang.

En entrant dans la cour on est frappé de cette imposante tour carrée, surmontée de tourelles, qui est sans contredit la plus ancienne de toutes ces constructions. Les pièces ou chambres qui se trouvent dans cette tour sont toutes voûtées, depuis le rez-de-chaussée jusqu'au plus haut étage, et les voûtes sont toutes en ogive. Les escaliers sont en colimaçon et ont des marches étroites et fort élevées. C'était là le donjon primitif des seigneurs d'Uzès. On prétend qu'au fond de cette tour aboutissaient divers souterrains qui sillonnaient la ville en tous sens et mettaient autrefois toutes les portes de la ville en communication avec cette tour, assez imprenable avant l'invention de la poudre à canon. (Voir manuscrit Siméon Abauzit).

Au levant de cette tour se trouve le bâtiment de la vicomté, au midi celui construit par les ducs d'Uzès, et tout à côté la jolie chapelle à la toiture armoriée, qui semble abriter le caveau de famille situé au rez-de-chaussée.

Chaque objet mérite d'être examiné en détail.

Le bâtiment de la Vicomté. — Ce bâtiment s'appelait ainsi parce qu'il servait de logement particulier aux vicomtes d'Uzès. Il renferme aujourd'hui les archives ducales et un tableau fort remarquable représentant une vue d'Uzès sous Louis XIII, avec ses remparts et ses tours. Ce bâtiment fut construit par Robert, créé vicomte d'Uzès par Philippe de Valois en 1328 (1). Il est terminé au levant par une tour en pignon octogone, dont l'escalier conduit aux remparts, qui ont dû être construits à la même époque, ainsi que la tour ronde au couchant. Le balcon qui

(1) En 1311 ce même roi passa à Uzès, revenant d'Avignon, où il était allé visiter le pape, et il coucha dans le château de la vicomté. C'est le second roi qui soit venu à Uzès. Le premier est Louis VIII, qui était entré en Languedoc avec une nombreuse armée pour combattre Raymond VII, comte de Toulouse, en 1226. C'est lui qui mit le consulat de la ville d'Uzès sous la sauvegarde spéciale du roi.

fait face à la porte d'entrée a été assez récemment construit avec des colonnes de granit bleu provenant de l'église des Capucins.

Les armes du vicomte d'Uzès étaient de gueules à trois bandes d'or.

Le bâtiment construit par les ducs d'Uzès. — C'est celui qui se trouve entre la grosse tour carrée et la jolie chapelle gothique à laquelle il est incorporé.

Cette belle façade, donnant sur la cour et ornée de colonnes, de pilastres et de bas-reliefs, fut construite au XVI° siècle par le duc Antoine et Louise de Clermont, sa femme, sur les dessins de Philibert Delorme, architecte du palais des Tuileries. On peut le considérer comme un modèle de l'architecture de la Renaissance.

Le grand escalier en voûte qui mène aux divers appartements est d'une construction plus ancienne et rappelle celui du château de Pau.

Ce furent Charles de Crussol et Françoise de Genoulhac, sa femme, qui le firent construire. Au premier étage on trouve à gauche le cabinet du duc, qui était autrefois la salle des armes (1); à droite l'antichambre qui précède la bibliothèque, puis au fond le grand salon de réception décoré des portraits de tous les ducs d'Uzès (2).

---

(1) On y remarquait entr'autres choses une armure complète de chevalier et de son cheval de bataille, le tout en fer finement gravé et doré. Cette armure avait appartenu à Galliot de Genoulhac, grand écuyer de France, grand maître d'artillerie sous François 1er, et père de la femme de Charles de Crussol, devenue l'héritière de sa maison. Cette armure a été transportée depuis plusieurs années au château de Bonnelles (Seine et Oise), résidence habituelle du duc d'Uzès.

(2) C'est dans ce bâtiment qu'en novembre 1741 le duc d'Uzès logea Mehemet Jaid, l'ambassadeur de la Porte, avec son fils, son gendre et plusieurs officiers attachés à sa personne, notamment M. de Joinville. Son Excellence y fut haranguée par M. d'Argilliers, maire, à la tête du corps politique d'Uzès, et précédé des valets portant leur pertuisane. (Voir délibération du conseil politique d'Uzès, année 1741). Série BB.

Dans la salle de la bibliothèque une porte donne accès à un long corridor au fond duquel se trouve l'entrée de la jolie chapelle gothique qui date du XVe siècle. Elle a été restaurée par le duc d'Uzès, bisaïeul du duc actuel, et ornée de magnifiques vitraux, où l'on remarque les armes du duc d'Uzès et de la duchesse, née de Talhouët.

La porte de la chapelle est richement sculptée. La Foi, l'Espérance, la Charité et la Religion y sont symbolisées, sous forme de personnages dans quatre panneaux.

La toiture est aiguë et couverte de briques en couleurs jetant au loin des reflets de lumière et dessinant, dans de vastes proportions, les armoiries des ducs d'Uzès.

Cette chapelle se trouve immédiatement au-dessus du caveau de famille.

Le Caveau. — Autrefois les seigneurs d'Uzès étaient ensevélis dans le cimetière du couvent du prieuré de Saint-Nicolas, dit de Campagnac, de l'ordre de Saint-Augustin, qui existe encore sur les bords du Gardon et qui appartient à M. Jalabert (1). Postérieurement, leur sépulture fut dans l'église des Capucins d'Uzès (2). Après la Révolution et lorsqu'ils rentrèrent en possession de leur Duché, qui avait été pris comme bien national et transformé en collège, les ducs ont établi le caveau actuel, qui leur sert de sépulture et où on remarque un magnifique christ en bronze plus grand que nature. On peut saluer avec respect leurs cendres. Les ducs d'Uzès ont toujours fait tourner au bien du pays leur pouvoir et leur haute influence.

(1) Voir testament d'Elzéard, seigneur d'Uzès, en 1254, écrit en latin, et celui de Raymond Gancelin, autre seigneur d'Uzès, en 1316, qui demande à être enterré au monastère de St-Nicolas, au diocèse d'Uzès, au tombeau de ses prédécesseurs.

Voir *Première Maison d'Uzès*, par M. Charvet, page 72.

(2) Louise de Clermont, duchesse d'Uzès, fut sur le point d'acheter la Maison Carrée de Nîmes, pour y établir le tombeau des ducs d'Uzès. (Ménard, tome v, page 153).

ÉGLISES

La Cathédrale

La cathédrale actuelle, dont la façade est toute récente, a été construite sur le même emplacement, mais un peu plus au levant que l'ancienne, qui datait du XI° siècle et dont il ne reste que le clocher, classé parmi les monuments historiques.

Cette ancienne cathédrale, dédiée à saint Théodorit, martyr, prêtre d'Antioche, avait été édifiée par l'évêque d'Uzès Raymondus, en 1090, ainsi qu'un cloître y attenant. Un concile y fut tenu en 1134, par ordre du pape Innocent II.

Au moyen-âge on adossa à cette cathédrale une grande chapelle, dédiée à la sainte Vierge et désignée dans les actes publics sous la dénomination de Notre-Dame-la-Neuve. Un clergé nombreux desservait ces églises, largement dotées par les rois, notamment par Louis, roi de Provence, en 896, et par Louis-le-Jeune, roi de France, en 1156, en souvenir de l'épiscopat de Saint-Firmin, évêque d'Uzès au VI° siècle et issu du sang royal (1).

Au milieu des guerres religieuses du XVII° siècle, chapelle neuve, cloître et cathédrale furent détruits, à l'exception du clocher, que l'on utilisait comme tour pour voir arriver l'ennemi, et la tradition porte que les décombres

---

(1) Le premier évêque d'Uzès connu est Constance, qui assista au concile d'Arles en 455 *(Histoire générale du Languedoc,* par D. Vic et D. Vaissette et Gallia Christiano, T. VI).

Le Pape Urbain V commença dans l'Eglise d'Uzès son ministère ecclésiastique (Panégyrique de St-Thomas d'Aquin, par Mgr Besson, évêque de Nimes, 1881, pages 23).

servirent à établir des fortifications, transformées aujourd'hui en promenades dites des Marronniers et du Pavillon Racine.

La nouvelle cathédrale, celle qui subsiste aujourd'hui, ut commencée sous l'épiscopat de Nicolas de Grillet, vers le milieu du XVIIᵉ siècle (1) et terminée sous l'épiscopat de Mᵍʳ Jacques d'Adhémard de Monteil de Grignan, oncle du comte de Grignan, gendre de la célèbre Mᵐᵉ de Sévigné, et ce fut Mᵍʳ de Monteil qui la consacra en grande pompe. Ainsi que nous l'avons dit, la façade est toute récente et date de 1870.

On remarque dans le tympan de la porte d'entrée un groupe sculpté représentant la Vierge Marie assise, portant l'enfant Jésus dans ses bras, et sur les côtés saint Firmin et saint Ferréol, évêques d'Uzès, priant pour leurs ouailles, puis à gauche, dans une niche, la statue de saint Pierre et à droite celle de saint Paul. Ces travaux ont été exécutés par les frères Delorme.

L'intérieur de la cathédrale se compose d'un vaisseau central accompagné de deux bas-côtés, sur lesquels s'ouvrent la nef et le chœur par des arcades en plein cintre. En entrant, à gauche, se trouvent les fonts baptismaux en marbre blanc. La vasque baptismale est supportée par une colonne autour de laquelle sont représentées, sous la figure d'anges, la Foi, l'Espérance et la Charité. Un peu plus loin, toujours à gauche, dans le premier entre-colonnement des bas-côtés, on remarque, contre la paroi du fond, l'autel dédié à saint Firmin, évêque d'Uzès, avec une magnifique châsse contenant les reliques du saint.

Du côté opposé, à droite, contre le mur du fond et dans le premier entre-colonnement, le tombeau, en style gothique, de Mᵍʳ Bauyn, avant-dernier évêque d'Uzès.

(1) En travaillant aux fondements de la cathédrale en 1645, on trouva l'épitaphe de l'évêque Ebrard Iᵉʳ, qui siégeait en 1146.

Le tombeau est entouré d'une grille qui porte, de distance en distance, les armes du défunt : d'azur au chevron d'or, à trois mains d'argent tournées à droite et posées deux et un.

Dans le transept on remarque à gauche, contre le premier pilier de face, un tableau de Philippe de Champagne, représentant la résurrection de N. S. J.-C., et à droite un autre, du même peintre, représentant la résurrection de Lazare.

Sur l'arc du même transept de ce même côté s'ouvre la chapelle construite en 1876, où l'on admire l'autel en marbre avec bas-reliefs, et une lampe ciselée, en argent massif, ornée d'émaux.

Dans le chœur, le grand tableau du fond (descente de croix), est dû à la munificence de Louis XVIII, et les lustres à celle du duc d'Uzès, en 1854.

Les deux tableaux à droite et à gauche représentent, l'un le martyr de saint Théodorit, patron de la paroisse, l'autre la conversion du Gévaudan par les prédications de saint Firmin. Tout autour du chœur se trouvent des reliquaires contenant les reliques de saint Théodorit et de saint Ferréol. On conserve aussi une relique de la vraie croix, qui appartenait aux capucins d'Uzès.

Ce chœur était, avant la révolution, d'une richesse inouïe. Il ne reste de ces anciennes splendeurs que le pupitre, formé par un aigle à deux têtes, portant sur ses ailes déployées le livre de chant. La boiserie de ce chœur, gris perle et or, avait des ornements semés à profusion. Au fond, dans une niche au haut de la voûte, resplendissait un christ de grandeur naturelle tout doré.

Le trône épiscopal, dont le pavé actuel indique la base au dernier pilier, s'élevait jusqu'à la naissance de la voûte, et les stalles des chanoines, avec leurs riches ornementations, n'étaient qu'une continuation de la boiserie du chœur.

Il y avait aussi le banc des consuls surmonté des armoiries de la ville.

Ce banc fut l'objet d'un procès entre les consuls et les chanoines. Ceux-ci avaient fait enlever le banc; mais par un arrêt du conseil royal des finances en date du 18 novembre 1727, au rapport de M. Le Pelletier du Fort, contrôleur général, le banc fut rétabli dans la cathédrale. (A. M. série B. B., pages 66 et 87.) Toute cette boiserie, avec le trône épiscopal, fut enlevée en 1793 et brûlée sur la place de l'Esplanade à Uzès. On enleva aussi une grande grille en fer doré, remarquable par le nombre et le fini des feuilles d'acanthe qui la surmontaient. A cette époque la cathédrale fut transformée en Temple de raison.

L'orgue, un des plus remarquables du Midi (1), servait à accompagner les chants patriotiques; la chaire, dépouillée de tous ses ornements, fut badigeonnée aux trois couleurs nationales et convertie en tribune populaire. Elle était autrefois peinte comme l'orgue en gris perle et or. Dans l'emplacement du chœur on éleva une montagne en terre, contournée d'un petit sentier qui permettait d'arriver jusqu'à son sommet. C'est là que se plaçait une prostituée, représentant la déesse de la Raison. A chaque décade, on allait la prendre chez elle en grande cérémonie, on la reconduisait de même, montée sur un char. La cathédrale fut déclarée Temple Décadaire. (Registre des délibérations de la ville d'Uzès, 21 thermidor an 7). Le chœur actuel n'a à peu près rien conservé de son ancienne splendeur. A droite et à gauche se trouvent les chapelles de la Sainte-Vierge et de Saint-Joseph, dont les peintures sont attribuées à Subleyras, d'Uzès.

On remarque dans l'église les basses tribunes, qui sont

(1) Son buffet est peint en couleur gris perle et or. Il fut restauré en 1843 par la maison Daublain et Calmet, de Paris. 20.000 francs furent consacrés à cette restauration.

beaucoup plus récentes que l'église elle-même. Elles étaient ornées, avant la révolution, des écussons des évêques, qui formaient ainsi la plus belle histoire du pays. Elles peuvent contenir un grand nombre de personnes, mais elles nuisent à l'architecture du monument. Ce fut un chanoine qui les fit construire à ses frais, du consentement de l'évêque. On dit qu'en reconnaissance, le chapitre lui éleva une pierre sépulcrale qu'on voit encore dans le premier pilier à gauche du côté de la chapelle de la Sainte-Vierge, presqu'en face de la sacristie. En 1789 elle fut arrachée, dans la pensée qu'elle recouvrait un trésor, mais on l'a replacée après en avoir mutilé la dédicace.

Les sacristies sont remarquablement belles; elles sont formées de quatre grandes pièces consécutives. La première servait aux chantres et aux enfants de chœur, la seconde aux chanoines, qui y avaient chacun une armoire, la troisième était réservée aux officiants, et la quatrième était la salle des délibérations. Ces sacristies sont décorées de boiseries d'un travail parfait, surtout la troisième. Trois de ces quatre pièces formaient autrefois la serre du parc de l'Evêque. Mgr Bauyn, avant-dernier évêque, en fit le sacrifice en faveur de ses chanoines.

Les belles boiseries qu'elles renferment venaient seulement d'être terminées, quand éclata la révolution de 1789, sous l'épiscopat de Mgr de Bethisy. Dans la crainte qu'elles fussent détruites, une personne eut l'idée, qui fut heureusement acceptée, d'y établir des ouvriers tailleurs et cordonniers du régiment qui était en garnison dans la ville. C'est à cette mesure qu'elles furent sauvées. L'on y conserve le calice et le fauteuil de Mgr Bauyn, que la fabrique a rachetés dans le temps, et aussi le portrait du cardinal Pacca, avec un de ses beaux ornements, don que fit Son Eminence à l'Eglise en 1816, en souvenir des bons offices des habitants d'Uzès durant sa captivité.

Le clocher de la cathédrale

Ce clocher, du style roman, date du XIIe siècle. Sa hauteur est de 40 mètres de la base à son sommet. Il se compose de six étages de forme circulaire, établis sur un soubassement carré. Chaque étage est composé de portiques supportées par des colonnes engagées, percées à jour et dont l'intervalle est occupé par des arcatures de moindre dimension retombant sur des colonnettes du plus gracieux effet. Et ce qui ajoute encore à l'élégance de ce monument, c'est que chaque étage forme une retraite progressive sur l'ordre inférieur. Il est appelé, dans le Gallia Christiana, *turis fenestralis*, tour fenestrelle. Il offre une certaine ressemblance avec la tour de Pise. C'est bien une des plus élégantes tours rondes du XIIe siècle (1). Deux fois notre clocher faillit être détruit, en subissant le même sort que la cathédrale en 1177, par les Cotteraux et durant les guerres de la Réforme. Il ne fut conservé que parce qu'il était utilisé comme tour d'observation.

Le 1er janvier 1855, cet élégant clocher a été classé parmi les monuments historiques.

L'église des Capucins

Cette église et le couvent y attenant avaient été construits en 1635 par les Capucins (2), grâce aux libéralités des ducs d'Uzès, sur l'emplacement d'un château fort appelé *lou Castel naou* et communiquant avec le duché par un souterrain. Le couvent était entouré d'un vaste jardin où

---

(1) Voir *Architecture Romane du Midi de la France*, par Révoil, page 17.

(2) Les Capucins, fraction de l'ordre des Frères Mineurs Franciscains, ou Cordeliers, furent fondés en 1528, à Camerino, en Italie, et ils obtinrent en 1572 l'autorisation de s'établir en France.

se trouvait un puits d'une eau excellente qui existe encore et qui fut la source de plusieurs procès entre les consuls et les capucins. Les ducs d'Uzès ne cessèrent de protéger ces religieux. En 1736, l'un de ces puissants seigneurs se fit même construire, attenant à leur monastère, un petit logement par lequel il pouvait se rendre dans une tribune particulière de leur église pour suivre les offices. Jusqu'à la grande révolution, les ducs d'Uzès eurent leur sépulture dans le caveau de cette église, et en 1828 tout ce qui restait des ossements fut transporté en grande pompe au caveau du Duché.

Aujourd'hui, l'église sert de café, d'écurie et de grenier à foin. On remarque encore quelques peintures à la voûte. Le cloître est tout morcelé. On vient d'y établir la gendarmerie.

On lisait naguère encore sur les murs du corridor plusieurs strophes en vers, dont voici la dernière :

Que mes vers, cher lecteur, n'arrêtent plus tes yeux.
Tes yeux ont assez lu, n'est-il pas temps qu'ils pleurent ?
Va lecteur, et choisis ou la terre ou les cieux,
Ou les biens qui s'en vont ou les biens qui demeurent.

Autrefois, de 1613 à 1635, les capucins avaient leur monastère à l'extrémité de la Grande-Bourgade, place de la Tour-du-Roi, et le local qu'ils occupaient et qui appartient à diverses personnes, porte encore le nom des *Capucins-Viels*. (Note de M. S. Abauzit).

L'église Saint-Etienne.

Cette église, d'un style grec, a été construite vers le milieu du siècle dernier par les soins de Mgr Bauyn, 63e évêque d'Uzès, d'après les plans et devis de M. Boudon, architecte de la Chambre apostolique d'Avignon.

Mgr Bauyn en posa la première pierre, en 1767, à l'angle de la grande porte à gauche en entrant. Ce monument remplaçait une ancienne église dédiée aussi à Saint-Etienne et qui fut détruite durant les guerres religieuses, à l'exception du clocher qui existe encore et qui sert tout à la fois de clocher et d'horloge. Cette ancienne église remontait à une époque très-reculée. Elle est mentionnée dans un diplôme accordé en 1156 par Louis-le-Jeune à Raymond, évêque d'Uzès.

L'église actuelle fut consacrée en 1775 par Mgr Bauyn. Ses décorations intérieures et extérieures sont de l'ordre ionique. Elle a coûté plus de 120,000 francs. La duchesse d'Uzès y contribua par un legs de 20,000 francs.

Pendant la grande révolution, on eut la pensée de détruire ce monument, et il n'y a pas longues années on voyait encore des trous faits dans l'excavation des murs pour le miner. Les membres du district d'Uzès voulurent y établir leur tribunal révolutionnaire, et c'est ce qui le sauva. Les travaux étaient à peine commencés, que le 9 thermidor arriva. L'intérieur ne fut donc pas endommagé, mais il n'en fut pas de même de la façade. On mutila, au-dessus de la porte d'entrée, un bas-relief représentant le martyre de Saint-Etienne (Voir Archives de la fabrique de Saint-Etienne). On reconnaît encore les traces de cette mutilation.

En entrant dans cette église on remarque à gauche les fonts baptismaux, avec un vitrail qui représente le baptême de Jésus-Christ par saint Jean-Baptiste, à droite une chapelle funéraire dédiée aux âmes du Purgatoire.

Dans le transept, deux grandes chapelles, l'une à gauche, dédiée à Saint-Joseph, décorée d'une grande toile représentant le mariage de la sainte Vierge avec saint Joseph, signée Juski et donnée par le baron de Castille et la princesse de Rohan, son épouse; l'autre, à droite, dédiée à la sainte

Vierge, décorée aussi d'une grande toile peinte par Boucoiran, de Nimes, et représentant Notre-Dame du Rosaire; enfin, dans le chœur, l'autel, en bois sculpté, construit en 1774 sur les dessins de l'architecte Boudon et surmonté d'une statue en bois par M. Delorme, artiste d'Uzès, représentant le Sacré-Cœur. Derrière cette statue et contre le mur se trouve un grand tableau, le martyre de Saint-Étienne, donné par Louis XVIII. C'est une copie faite par Frosté du tableau de Lebrun. Au-dessus de ce tableau est suspendue à la voûte une gloire en bois doré qui doit avoir 6 à 7 mètres de diamètre. Sur la porte des deux sacristies se trouvent deux tableaux avec un cadre cintré. L'un représente l'adoration des Mages, l'autre l'adoration des bergers, tous les deux de l'école Italienne.

Ne quittons pas le chœur sans remarquer le magnifique chandelier en bois doré, style Louis XV, qui sert de support à la lampe du sanctuaire. Avant 1791 il faisait partie du mobilier de la cathédrale d'Uzès.

En sortant de l'église on peut jeter un coup d'œil sur l'ancienne tour qui y est attenante et qui sert de clocher. Par dessus on a établi une tourelle ronde, construite en 1840 par l'architecte Pralon et qui porte à son sommet, dans une cage de fer, le timbre d'une horloge. Antérieurement, il y avait un bourdon donné à Uzès en 1609 par Henri IV. Ce bourdon surmonte aujourd'hui la haute tour de la ville.

L'Eglise Saint-Eugène.

En allant d'Uzès à Avignon, à une distance de 4 kilomètres, près de la gare du Pont-des-Charrettes, on trouve les murs d'une ancienne église appelée autrefois St-Eugen et aujourd'hui St-Eugène, qui appartient à M. l'abbé Vidal, aumônier de la famille ducale d'Uzès.

Elle a conservé ses murs, qui sont très épais, dans toute leur hauteur; la voûte seule a été enlevée. Elle se compose de deux travées et d'une abside. Elle est orientée comme tous les vieux sanctuaires et on remarque que du côté du nord il n'existe aucune ouverture, précaution prise probablement pour se garantir du mistral, qui souffle parfois dans nos contrées avec furie.

L'origine de cette église est antérieure à la fin du IXe siècle, ainsi que l'indiquent non-seulement son architecture, mais surtout une inscription gravée sur marbre qui date de l'époque Carlovingienne et qui mentionne le don de plusieurs églises à Saint-Théodorit, cathédrale d'Uzès, et parmi ces églises celle qui nous occupe.

Ce marbre sur lequel est gravée cette inscription si précieuse appartient à M. L. d'Albiousse, qui le conserve au domaine de Mayac, dit Mas-Viel, près Uzès, dans une grotte fort curieuse servant de musée lapidaire et géologique.

L'Eglise Saint-Geniès.

Cette église, dont il ne reste que le sanctuaire, est située à 1 kilomètre d'Uzès, sur la route de St-Ambroix.

La tradition veut qu'elle ait été construite au lieu même où St Geniès fut arrêté. Geniès était greffier du tribunal d'Arles, sa ville natale.

Ne voulant pas participer aux condamnations, qu'il trouvait injustes, contre les chrétiens, il refusa d'exercer ses fonctions de greffier et prit la fuite. Des satellites furent mis à sa poursuite, et il fut arrêté près d'Uzès, au N.-E. de cette ville, et ramené sur les rivages du Rhône, où il eut la tête tranchée. Le fait de son arrestation est mentionné dans l'office de ce saint, dans la liturgie Uzétienne (1).

Le sanctuaire de l'église de St-Geniès fait face à l'Orient, berceau du Sauveur du Monde. C'était une règle autrefois qu'on n'omettait jamais. Deux chapelles latérales, flanquées de contreforts, y possédaient aussi leur sanctuaire particulier. Ces trois grands enfoncements circulaires sont décorés à l'extérieur de seize pilastres supportant de doubles arcatures en forme de clefs pendantes posées sous la corniche du couronnement (2).

Des fouilles pratiquées en 1853 permirent de constater que la longueur de ce monument était d'environ 20 mètres et sa hauteur de 8 mètres.

Deux inscriptions existent encastrées dans le mur du chevet de cette église. Ce sont deux épitaphes chrétiennes de l'époque Carlovingienne.

Elles ont été traduites par M. Germer-Durand, de Nimes.

1re inscription : « Le cinq des calendes de Mai est morte dans le Seigneur, Bertille, de sainte mémoire. »

2e inscription : « Le quatre des calendes de Février est mort dans le Seigneur, Hermanfroi-Pellegrin. »

Qu'était-ce que Bertille ?
Qu'était-ce que Hermenfroi Pellegrin ?

M. Germer-Durand pense que Pellegrin pourrait bien être un ancêtre plus ou moins direct de la famille Pellegrin, qui a donné à l'église d'Uzès des chanoines de ce nom. Il verrait ensuite dans la Bertille de notre inscription une des proches compagnes de l'infortunée princesse Doda.

---

(1) Proprium Sanctorium insigne cathedralis Ecclesiæ Vecetiensis. Lyon, année 1686.

(2) Voir rapport de M. Bègue, architecte de la ville d'Uzès, en 1853.

On sait que cette fille de Charlemagne, si lettrée, si aimante et si mal mariée, mourut en 843 à Uzès, où son cruel époux, le duc Bernard de Septimanie, l'avait reléguée, où elle passa les dernières années de sa vie, tenue en charte privée par l'évêque Elephantus, et où elle composa pour son fils Guillaume, devenu plus tard duc d'Aquitaine, le *Liber manualis*, ce monument de sagesse chrétienne et de tendresse maternelle (1).

L'église de St-Geniès, avec les pins qui l'ombragent, appartient à la fabrique de la cathédrale d'Uzes. Elle est un lieu de prières aux jours des Rogations.

L'Eglise Saint-Julien.

Cette église fut construite en 1659, pour remplacer celle qui fut démolie en 1561 par les protestants, et qui était située près de l'enclos attenant à la maison qu'habite M. de Parseval. Elle formait une des deux paroisses de la ville. Les protestants firent construire près du même emplacement de cette église un temple beaucoup plus vaste, dont ils jouirent jusqu'à la révocation de l'édit de Nantes en 1686.

Alors ce temple fut démoli jusqu'à ses fondements et l'emplacement donné à l'évêque, qui y fit construire le séminaire, vendu à la révolution comme bien national et acheté naguère par M. Odol à la famille de Cabiron.

La veuve Mouton, de la rue St-Roman, possède une fort jolie vierge en marbre blanc, qui était dans une niche de l'église St-Julien.

(1) Mémoire de l'Académie du Gard, 1867-68, p. 107.

L'HOTEL DE LA MONNAIE

L'ancien hôtel de la Monnaie d'Uzès se trouvait, d'après la tradition populaire, à l'angle nord-est de la rue de la Monnaie, à laquelle il a donné son nom, et de la rue Petite-Calade. Il est bien certain qu'à Uzès, et pendant longtemps, on a fabriqué de la monnaie. Le privilège de battre monnaie accordé aux évêques d'Uzès fut confirmé en 1156 par Louis-le-Jeune et en 1211 par Philippe-Auguste. En 1718, on découvrit une pièce de monnaie en or, frappée à Uzès, et qui doit dater du VIᵉ siècle. Elle représente une tête de roi surmontée d'une petite croix, au-dessous un javelot et un petit bâton ou sceptre entouré d'un ruban, et pour légende VCECIE CIT, qui signifie à la ville d'Uzès, CIT étant l'abrégé de *civitati*.

Sur le revers de la monnaie l'on voit une grande croix sur un piédestal, avec le nom de l'ouvrier : ALDERICUS *fecit*.

Cette pièce appartient à un roi de France. Dom Vaissette pense qu'elle représente Théodebert 1ᵉʳ, petit-fils de Clovis, qui, outre l'Australie, possédait une étendue de pays dans lesquels Uzès était compris. Sa pièce a donc dû être frappée de 534 à 548 (1).

Chez M. A. Ricard, archéologue-conservateur du musée de Montpellier, demeurant vis-à-vis le Palais de Justice, on peut voir une pièce de monnaie en argent du temps de Charlemagne. Elle porte le mot CARO-LVS, en deux lignes, et au revers : R VCECIA en deux lignes aussi, séparées par une barre. Cette pièce de monnaie est très bien conservée.

(1) Voir Rivoire, *Statistique du Gard*, au mot Uzès.

Elle est mentionnée dans le catalogue des monnaies nationales par Rollin et Feuardent, antiquaires, page 19, année 1861.

Le musée d'Avignon possède aussi une très belle pièce de monnaie en or. Elle a été acquise, le 9 août 1859, de M. le comte de Geoffre, propriétaire aux Roches, près de Montélimar.

C'est un sou d'or de l'Empereur Charlemagne, frappé à Uzès. Dans le champ, circonscrit par un grenetis, on remarque le monogramme de Charlemagne, formé des lettres KAROLUS, liées ensemble, à l'exception de la première et de la dernière, qui ne se rattachent aux autres par aucun trait. On remarque encore deux traits isolés, placés obliquement, l'un au-dessus du K et l'autre au-dessous, qui, vraisemblablement, doivent signifier *imperator*.

Au revers : UCECIA en deux lignes horizontales, séparées par une barre terminée en crosse des deux côtés. Diamètre 0,020, poids 4 grammes 2 décigrammes. Cette pièce, qui est à fleur de coin, a été trouvée par des ouvriers de M. le comte de Geoffre et en sa présence, dans son domaine des Roches.

~~~~~~~~~~~~~~

L'HOTEL DE VILLE

—

Autrefois l'Hôtel de Ville se trouvait dans la rue de la Monnaie, sur l'emplacement même de la maison appartenant aujourd'hui à Mme veuve Teissier. C'était primitivement la demeure d'un des seigneurs d'Uzès, qui en fit don à la ville à condition d'en payer la *directe* (l'impôt) au chapitre d'Uzès. Elle était entre cour et jardin. Tout à côté s'élevait l'église de Saint-Laurent, transformée aujourd'hui en écurie. (Extrait des Lettres d'amortissement accordées à la ville d'Uzès par le roi Louis XIV, au mois d'août 1688).

Cet hôtel de ville fut détruit par l'incendie le 13 septembre 1763. La foudre tomba au haut d'une tourelle contenant des escaliers au bas desquels on avait laissé des barils de poudre. L'explosion fut si forte que les pierres furent lancées jusque dans le parc de l'évêché, appartenant aujourd'hui au duc d'Uzès. *(Voir série BB. Registres 1763-1767).*

Quelques années après on construisit l'hôtel de ville actuel, d'après les plans et devis de L. Boudon, architecte d'Avignon, et dans le but d'être agréable au duc d'Uzès, 10 maisons furent achetées et démolies pour créer une place entre le duché et l'hôtel de ville.

En démolissant ces maisons on découvrit un pavé en mosaïque, de forme ronde, représentant une tête de Phœbus. Cette mosaïque fut encastrée dans le pavé du théâtre, et lors du dernier incendie qui eut lieu à l'hôtel de ville elle disparut complètement (1).

Ces débris indiquaient que le *castrum* des Romains était situé au point le plus culminant de la ville.

L'hôtel de ville fut terminé en 1773. Il offre deux façades, l'une au midi, en face du duché ; l'autre au nord, sur les boulevards. Cette dernière est la plus importante et l'on remarque au milieu de la grille du balcon, situé au premier étage, les armes de la ville, qui sont : fascé d'argent et de gueules de six pièces, au chef d'azur chargé de trois fleurs de lys d'or. L'écu accolé de deux palmes de sinople.

Dans l'intérieur, une cour entourée de galeries ornées d'élégants portiques, donne beaucoup de grâce à ce monument. A l'aide de quelques planches placées sur les barres

(1) Manuscrit de M. Abauzit.

de fer disposées à cet effet à une des fenêtres qui dominent la
la cour au midi, il est facile d'établir un orchestre et d'or-
ganiser des bals populaires dans la cour, tandis que les
spectateurs peuvent circuler dans les galeries qui l'entourent. Deux grands escaliers à droite et à gauche conduisent au premier étage et viennent se réunir presque en face
de la grande salle qui sert aux délibérations du conseil
municipal. Là on a réuni plusieurs tableaux, représentant
Louis-Philippe, Napoléon 1er et quelques personnages
illustres d'Uzès.

Cette salle, à laquelle sont attenantes la salle d'armes et
celle des mariages, a un balcon sur le boulevard.
Du côté opposé, sur le même palier, et en face du
duché, se trouve une jolie salle de théâtre, à laquelle on
arrive par deux beaux couloirs. Elle fut brûlée il y a
quelques années, mais elle a été reconstruite dans le
même style.

Les bureaux et le cabinet du Maire sont au rez-de-
chaussée, ainsi que la Justice de Paix, les Postes et le
Télégraphe. Dans une salle du rez-de-chaussée on a
enfermé depuis quelque temps les archives municipales.
Il y existe une charte en langue romane, de l'année
1346, qui énumère les droits et privilèges des consuls. On y voit aussi que la population était divisée
en quatre catégories ou échelles, suivant les diverses
professions des habitants. Des lettres patentes, de
l'année 1601, signées d'Henri IV, accordent aux consuls
d'Uzès le droit de porter une robe rouge et un chaperon.
C'est sous ce costume que Racine les dépeint dans ses lettres
datées d'Uzès. Les consuls étaient précédés de deux hallebardiers, et aujourd'hui encore, si les robes rouges et les
chaperons ont disparu, les hallebardiers avec leurs hallebar-
des figurent encore aux cérémonies et précèdent le corps
municipal.

L'HOPITAL

—

L'hôpital fut construit aux frais de l'évêque Bonaventure Bauyn, en 1787, sur l'emplacement d'un ancien hôpital appelé Saint-Sauveur et qui datait du XIII° siècle.

Il contient de vastes salles et au milieu une fort jolie chapelle style Louis XV et dédiée à la transfiguration de N. S., ainsi que le rappelle le tableau au-dessus de l'autel, œuvre dit-on du peintre Subleyras, d'Uzès. Sa façade principale n'est pas sur la route de Nimes, qui n'existait pas encore ou plutôt qui n'était qu'un petit chemin dont celui qui mène à l'abattoir n'est que la continuation, mais de l'autre côté au levant. C'est en effet de ce côté que Mgr Bauyn avait projeté l'ouverture d'une grande route allant d'Uzès à Nimes. Plus tard ce projet de l'évêque fut adopté par le sous-préfet de Boismon, qui contribua puissamment à l'embellissement dela ville; mais par suite de certaines influences ce projet fut abandonné et on doit le regretter, car la route aurait été plus embellie et plus longtemps directe. L'hôpital est tout à la fois civil et militaire. Il est desservi par les sœurs de St-Vincent-de-Paul.

LES JUSTICES

—

A deux kilomètres d'Uzès, non loin de la route de Nimes, au bord d'un chemin de traverse qui se dirige vers la rivière des Seynes, on remarque un pilier carré qui n'est autre, d'après la tradition, qu'un ancien gibet.

Ce pilier, qui domine toute la campagne d'alentour, s'élève

à plus de cinq mètres. Il a sa base enchassée dans un mur de cloture et il offre à une certaine hauteur une ouverture où devait s'adapter la potence.

C'est là qu'au moyen-âge on exécutait ceux qui étaient condamnés à mort par la justice royale d'Uzès.

Dans un acte de 1346, qui délimite la *bannière* des consuls, on dit que cette bannière suit la route de Nimes, jusqu'aux fourches royales « *usque ad furcas regias* », mot qui rappelle les fourches patibulaires.

Enfin, dans une enquête de 1500, faite devant le sénéchal de Nimes dans le but d'établir les droits et privilèges des consuls d'Uzès, un témoin déclare : « qu'un nommé Alayre, de Beaujeu, dit Passalaygue, fut pendu et estranglé à *la justice réale* qui est hors la ville, au chemin de Nimes.» Ce quartier s'appelle encore aujourd'hui les Justices.

LE PALAIS ÉPISCOPAL

Ce palais date du XVIIe siècle. En 1671, l'évêque Jacques Adhémar de Monteil de Grignan commença à le construire (1).

L'évêque Poncet de la Rivière le fit achever. Devenu bien national à la Révolution, il fut acheté par le baron de Castille, qui le vendit au département par l'intermédiaire de M. de Boismon, sous-préfet d'Uzès. Ce bâtiment, contigu à la cathédrale, compte 50 mètres de long sur 30 de large. Sa façade principale est au couchant. Il est précédé d'une

(1) On voit par les lettres de Madame de Sévigné, que ce prélat aimait, comme son frère, à faire bâtir.

cour complantée d'arbres dans laquelle on remarque, à droite, l'ancienne porte par laquelle, aux grandes solennités, l'évêque entrait dans sa cathédrale précédé de tout son chapitre.

Le rez-de-chaussée de cet immense palais est occupé par le tribunal, le premier par la sous-préfecture; au second se trouvent les bureaux. On remarque à l'extérieur les deux cariatides qui supportent le balcon du 1er étage, et à l'intérieur, dans les salons de la sous-préfecture, deux magnifiques cheminées.

La salle d'audience du tribunal est établie dans le vestibule du palais épiscopal. Ce vestibule avait une sortie au levant, sur la promenade des Marronniers, qui autrefois appartenait aux évêques d'Uzès, en même temps que le parc y attenant. Tout ce terrain-là constituait autrefois la vigne de l'évêque, attenante à l'ancien palais épiscopal, situé à peu près au même emplacement que le bâtiment actuel.

LE PARC

Le parc appartenait autrefois aux évêques d'Uzès. Il fut déclaré bien national durant la Révolution. Une partie resta la propriété de la ville, c'est la promenade des Marronniers, attenante au palais épiscopal (1); l'autre, appelée aujourd'hui le Parc, fut vendu au baron de Castille. A la mort du dernier baron de ce nom, le duc d'Uzès en est devenu acquéreur et y a fait d'importants embellissements.

(1) Les vieux marronniers qui subsistent encore ont été plantés par Mgr de Béthisy, dernier évêque d'Uzès.

L'entrée du Parc se trouve sur la route de Pont-Saint-Esprit, à environ 30 mètres au-dessous de la promenade des Marronniers. Un grand portail, surmonté encore des armes des barons de Castille, précédents propriétaires, donne accès à une grande allée qui mène, par un léger contour, à un rond-point où viennent aboutir, par de gracieuses courbes, toutes les allées du Parc. De ce rond-point on peut se rendre, en tournant à gauche, soit à la terrasse construite par les évêques sur une espèce de promontoire d'où l'on découvre un magnifique panorama, soit aux escaliers qui sont établis tout le long du mur du nord et qui conduisent aux plus basses terres. Si, au contraire, on prend le chemin qui se dirige vers le flanc du rocher, on arrive à mi-côté à un ermitage précédé d'une cour presque entièrement creusée dans le roc, où les évêques avaient l'habitude de réunir leurs chanoines durant les soirées d'été. En descendant encore par un chemin toujours rapide mais ombragé d'arbres variés et rustiques, on rencontre des rochers arrondis par les eaux ou acérés comme de gigantesques anguilles (1), on arrive ainsi au bord de la rivière pour remonter ensuite vers le midi, laissant à gauche la mystérieuse tour dite du Tournal, qui appartient aussi au duc d'Uzès, et en montant toujours on est conduit à une ancienne allée droite telle qu'elle existait du temps des évêques et qui ramène, si on ne veut pas aller plus loin, au même rond-point d'où l'on était parti.

Enfin, du même rond-point, en se dirigeant vers le midi,

_____

(1) On ne peut qu'admirer ce rocher taillé à pic par la nature, et qui s'élève majestueusement du fond de la vallée. On dirait la sentinelle de ces lieux. On raconte que le baron de Castille, dont le fils était devenu page de l'Empereur, fit placer sur ce rocher ces mots en lettes de fer, dont on voit encore les traces :

« Rocher, la nature t'a formé pour que de Castille t'élevât à la gloire du Napoléon le Grand. »

on peut, à travers des allées gracieusement contournées, entre des plantes ornées de fleurs au levant et des massifs d'arbres au couchant, parvenir jusqu'au jardin fruitier, où se trouve le Pavillon Racine, autrefois Tour-Martine, ombragé d'un magnifique alisier deux fois séculaire. Cette partie du parc appartenait autrefois au chapitre d'Uzès, dont les armes surmontent encore la porte d'entrée de ce pavillon : de gueule à trois roses d'argent posées deux et un (1). Si l'on veut quitter ce parc on peut sortir par ce pavillon, après avoir examiné le salon orné d'un balcon, où Racine, dans sa jeunesse, se livrait à la poésie. C'est même à cause de ce souvenir que la promenade sur laquelle s'ouvre la porte de ce pavillon s'appelle encore Promenade du Pavillon Racine.

LE PAVILLON RACINE

C'est un petit pavillon surmonté d'un dôme, et dont le portique est orné de colonnes. Il est ombragé d'un magnifique alisier. C'était autrefois une tour, la seule qui nous reste des anciennes tours de la ville. Elle s'appelait Martine, probablement à cause d'un temple de Mars qui s'élevait à l'époque Romaine sur l'emplacement de la cathédrale.

Cette tour était autrefois la forteresse du chapitre e communiquait avec son ancien cloître par un souterrain qui

(1) Voir arrentement consenti par le chapitre d'Uzès à Mgr Poncet de la Rivière, le 8 janvier 1687.

existe encore et qui pourrait facilement s'ouvrir aujourd'hui sous la sacristie de la cathédrale (1).

Suivant une tradition générale, notre grand poète Racine a habité ce pavillon, qui porte son nom.

Ce qui est incontestable, c'est que Racine, orphelin de père et de mère, vint à Uzès à l'âge de 22 ans, le 8 novembre 1661, auprès de son oncle maternel, le père Sconin, chanoine régulier de Sainte-Geneviève, vicaire-général et officiel du diocèse et en même temps prieur de Saint-Maximin (2). On l'appelait déjà l'abbé Racine (3). Il était en effet venu pour étudier la théologie auprès de son oncle, qui désirait lui léguer son bénéfice, mais la vocation poétique l'emporta. Elle se révéla même à Uzès par la *Thébaïde*, composée dit-on dans ce pavillon.

On a plusieurs lettres de Racine. Elles sont assez plaisantes, ainsi qu'on peut en juger par les extraits suivants :

Uzès, 16 Nov. 1661.

A M. de la FONTAINE,

Nous fûmes deux jours sur le Rhône et nous couchâmes à Vienne et à Valence. J'avais commencé, dès Lyon, de ne plus guère entendre le langage du pays et à n'être plus intelligible moi-même. Mais c'est encore bien pire dans ce pays. Je

_____

(1) En 1688 et le 24 février, les chanoines ayant cédé une partie de leur enclos à Mgr Poncet de la Rivière, il fut convenu entr'autres choses que les armes du chapitre seraient rétablies à l'endroit le plus convenable, sur la Tour Martine, ainsi qu'à trois endroits différents dans ledit enclos. (Voir aux archives municipales). Les armes du chapitre existent encore au-dessus de la porte d'entrée du Pavillon Racine, du côté du verger, et en faisant des plantations dans le parc on a trouvé récemment une borne ornée des armes du chapitre.

(2) Mémoire de L. Racine sur la *Vie de son père* (1747, in-12, page 37.)

(3) Voir la reliure d'un *Quintilien* qui lui avait appartenu et qui fut vendu à la vente Hebelenk V. Le catalogue de 1856 in-8, p. 116.

Voir aussi la 1re édition de la Thébaïde, où le prologue lui donnait le titre d'abbé.

vous jure que j'ai autant besoin d'un interprète qu'un mosco-
vite en aurait besoin dans Paris. Néanmoins je commence à
m'apercevoir que c'est un langage mêlé d'Espagnol et d'Italien,
et comme j'entends assez bien ces deux langues, j'y ai quelquefois recours pour entendre les autres et pour me faire entendre. Mais il arrive souvent que je perds toutes mesures, comme
il arriva hier, qu'ayant besoin de petits clous à broquettes
(petits clous propres à clouer des chaises, à tendre des rideaux
ou de la tapisserie) pour ajuster ma chambre, j'envoyais le
valet de mon oncle en ville et lui dis de m'acheter deux ou
trois cents de broquettes. Il m'apporte incontinent trois bottes
d'allumettes.

Dans une autre lettre il dit à M. de la Fontaine :

« Au reste, pour la situation d'Uzès, vous saurez que la
ville est sur une montagne assez haute ca sur un rocher
continu, si bien que, quelque temps qu'il fasse, on peut aller à
pied sec tout autour de la ville. Les campagnes qui l'entourent
sont toutes couvertes d'oliviers qui portent les plus belles olives
du monde, mais bien trompeuses pourtant, car j'y ai été attrapé
moi-même. Je voulus en cueillir quelques-unes au premier ar-
bre que je rencontrai et je les mis dans ma bouche avec le plus
grand appétit qu'on puisse avoir; mais Dieu me préserve de
sentir une amertume pareille à celle que je sentis; j'en eus la
bouche toute perdue pendant quatre heures durant, et l'on
m'apprit depuis qu'il fallait bien des lessives pour rendre ces
mêmes olives douces comme on les mange.

Uzès, 15 Nov. 1661.

A. M. VITART,

On me fait ici force carresses à cause de mon oncle; il n'y a
pas curé ni maître d'école qui ne m'ait fait le compliment
gaillard auquel je ne saurais répondre que par des révérences
car je n'entends pas le Français de ce pays-ci et on n'y entend
pas le mien; aussi je tire le pied fort humblement et je dis,
quand tout est fait : Adioussias.

Racine est émerveillé de rencontrer au milieu du mois
de janvier des journées d'hiver plus belles que celles

du printemps dans le Nord; aussi, dans une lettre à
M. Vitart, du 17 janvier 1662, il insère les vers suivants:

Lorsque la nuit a déployé ses ailes,
La lune au visage changeant,
Paraît sur son trône d'argent,
Et tient cercle avec les étoiles,
Le ciel est toujours clair tant que dure son cours,
Et nous avons des nuits plus belles que vos jours.

Racine appelle le vin d'Uzès le meilleur vin du royaume.
A la fin de 1662 il quitta notre ville pour n'y plus revenir.

~~~~~~~~~~~~~~~~

LA PÉRINE

La Périne est vraisemblablement le lieu même où St-Firmin,
4e évêque d'Uzès, de 538 à 553, fit construire en l'honneur
de St-Baudile, martyr de Nîmes, une magnifique basilique qui devint, selon ses dernières volontés, le lieu de sa
sépulture. Cette basilique fut richement dotée par les libéralités des descendants de Clovis, parents de St-Firmin,
qui était de race royale. Peu à peu, autour de cette église
se forma et s'agrandit un bourg qui prit le nom de Saint-
Firmin. L'église elle-même s'appela indifféremment du
nom de St-Baudile ou de St-Firmin et finit même par
n'être appelée que de ce dernier nom.

La vénération dont était entourée la mémoire de saint
Firmin amena autour de son tombeau de nombreux pè-
lerins. Peu à peu se créèrent à cette occasion des transac-
tions commerciales, et ce qui n'était d'abord qu'un pèleri-

nage pieux, devint une foire, la foire de St-Firmin, reconnue par lettres patentes du 2 mars 1358 et qui se renouvelle encore chaque année le 11 octobre à Uzès, jour anniversaire de la mort du vertueux prélat.

L'église de St-Baudile et de St-Firmin est indiquée dans une inscription gravée sur un bloc de marbre blanc qui date de l'époque Carlovingienne et qui est conservé dans une grotte au domaine de Mayac, dit Masviel, près d'Uzès.

Il en est aussi question dans une charte de 896, par laquelle Louis, roi de Provence, restitue à Amelius, évêque d'Uzès, certaines possessions.

Au xue siècle existait un monastère attenant à la basilique, mais durant les guerres de religion, après maints combats, le monastère et la basilique furent détruits de fond en comble. Le duc de Rohan, qui commandait à cette époque, y fit construire une forteresse, et la terrasse actuelle devait former l'ancien rempart.

Quand Louis XIII entra dans Uzès, comme dans une ville conquise, il fit démolir la forteresse et donna l'emplacement au chapitre d'Uzès.

En 1693, un procès survint entre la communauté de St-Firmin et Gilles Ignacce Huard, chanoine et archidiacre de la cathédrale d'Uzès. Celui-ci avait fait construire une maison et établir un enclos sur les fondations de l'ancienne église Saint-Baudile et sur l'emplacement des fossés et chemins publics du bourg. Le différend fut porté devant le sénéchal de Nimes et se termina par un arbitrage à la suite duquel le chanoine Huard put continuer ses constructions. Ce fut là la création de la Périne. Au moment de la grande révolution, la Périne appartenait au chanoine Chambon de La Tour, qui la légua à son parent Chambon de La Tour, membre de la Convention nationale. Son fils le vendit en 1818 à M. Saint-Félix d'Amoreux, ancien sous-préfet sous la Restauration ; elle devint la propriété de son fils, Albin d'Amoreux, qui l'a remise à sa fille, Mme Paul de Surdun.

Mgr Besson, évêque de Nîmes, Uzès et Alais, charmé des souvenirs religieux que ce lieu rappelle et du magnifique panorama qui se déroule du haut des terrasses de cette charmante villa, la loua pour deux ans en 1877, afin d'y venir se reposer de temps en temps des fatigues de son épiscopat.

On croit que les quatre-vingts grands orangers en vases qui ornent cette villa proviennent de l'ancien évêché d'Uzès.

On remarque dans le bosquet une pierre tombale de 2^m29 de longueur sur 60 de largeur, représentant un évêque avec tous ses ornements, couché et endormi dans la mort. Tout porte à croire que cette pierre surmontait la tombe de l'évêque saint Firmin.

(Voir *Bulletin de la Société scientifique d'Alais*, de l'année 1873 ; *la Première Maison d'Uzès*, par Charvet, et *Recherches historiques sur l'ancien bourg de Saint-Firmin*, par M. L. Rochetin.)

~~~~~~~~~~~~~~

LE PORTALET

Le nom de cette promenade vient d'une petite porte qui fut pratiquée dans le mur du rempart. C'est dans ce rempart que Louis XIII, le 10 juillet 1639, à l'époque des guerres religieuses, fit pratiquer une brèche pour pénétrer dans la ville afin de bien établir qu'il entrait dans une ville prise

d'assaut, quoique les habitants se fussent empressés de
faire leur soumission.

Cette brèche fut pratiquée dans le lieu qui se trouve sous
l'hôpital et qui porte encore ce nom. On raconte que l'on
avait préparé à l'Hôtel de Ville un logement pour le roi,
mais que sa Majesté préféra coucher à son château royal,
qui sert aujourd'hui de prison. On l'y conduisit en le faisant passer par la rue de la Fontaine de la Ville, rue fort
étroite, pour lui persuader qu'Uzès était une ville de peu
d'importance et qui ne pourrait pas payer de trop fortes
contributions.

LA PORTE SAINT-ÉTIENNE

Cette porte, d'un style flamand, a été construite peu avant
la révolution et a remplacé l'ancienne porte crénelée attenante aux remparts. Comme on le voit, elle n'offre rien
de remarquable et je ne la mentionne qu'à cause d'un
souvenir qui s'y rattache. C'est par la porte de Saint-
Etienne qu'autrefois les évêques faisaient leur entrée so-
lennelle lorsqu'ils venaient prendre possession de leur
siége.

Un manuscrit latin du XIVe siècle, traduit par M. de La-
mothe et tiré des archives d'Uzès, nous indique le cérémo-
nial accoutumé en pareil cas. (Archives d'Uzès, côté B. B. 2).
Les consuls allaient au-devant de l'évêque hors la ville
et l'accompagnaient en tenant une bride de son cheval jusqu'à la porte de Saint-Etienne. Là on remettait à l'évêque
les clefs de la ville et une somme de mille francs. Puis

les représentants des seigneurs remplaçaient les consuls et prenaient chacun la bride du cheval de l'évêque. On se remettait en marche, précédé d'un vicaire monté sur un cheval et portant au bout d'une lance la bannière de l'église d'Uzès, sur laquelle était peint un lion rouge.

On traversait la place, la rue Entre-les-Tours et on s'arrêtait au carrefour de la rue de la Monnaie, où les chanoines et tout le clergé attendaient l'évêque avec la croix, les encensoirs et beaucoup de reliques de l'église.

Là seulement et pour honorer son clergé, l'évêque descendait de cheval. La bannière était posée sur le balcon du palais épiscopal, et Sa Grandeur entrait solennellement dans la cathédrale de Saint-Théodorit.

Le lendemain, l'évêque, en retour du don de mille francs et pour payer son droit de joyeux avènement, faisait distribuer une pièce de bœuf à chaque chef de famille.

STATUE DE L'AMIRAL DE BRUEYS

Cette statue a été érigée sur la promenade des Marronniers le 20 octobre 1861, sous l'administration de M. Chabanon aîné, maire d'Uzès, ancien député. Elle a été offerte à la ville par M. le baron de Fontarèches, héritier et exécuteur testamentaire de la veuve de l'amiral, la comtesse de Brueys qui, en mourant, avait laissé 50,000 fr. pour l'érection de cette statue.

Elle est l'œuvre de M. Francisque Duret, statuaire, premier grand prix de Rome, membre de l'Institut.

Les plans du piédestal sont dus à M. Constant-Dufeux, premier grand prix de Rome, architecte du gouvernement.

L'amiral est représenté au moment où, dans la rade d'Aboukir, il vient d'apercevoir la flotte anglaise qui se dispose à l'attaquer. Sa main gauche sur la garde de son épée, il tient dans la main droite la riche lunette qui lui fut donnée par le général Bonaparte de la part du Directoire exécutif, en souvenir de diverses missions qu'il avait remplies avec l'expérience et le courage d'un marin consommé.

C'est ce souvenir qui lui valut le commandement de l'escadre chargée de transporter le général Bonaparte en Egypte, avec 40,000 combattants et 10,000 marins. Ce voyage périlleux, à cause de la flotte anglaise qui poursuivait la nôtre dans la Méditerranée, s'effectua très heureusement; mais peu après le débarquement des troupes, la flotte de l'amiral fut surprise par Nelson dans la rade d'Aboukir et presque entièrement détruite. L'amiral de Brueys y trouva une mort glorieuse. Il reçut d'abord deux balles. On voulut l'emporter : « Non, dit-il, un amiral français doit mourir à son banc de quart. » Il resta debout, la tête haute, le regard toujours fixé sur l'escadre anglaise, mais bientôt un boulet ennemi le coupa en deux et alla graver son nom au temple de l'immortalité. Voilà pourquoi le nom de l'amiral de Brueys figure sur l'arc de triomphe de l'Etoile à Paris.

L'amiral de Brueys était né à Uzès le 11 février 1753, d'une des plus nobles et des plus anciennes familles de cette cité. Il n'avait laissé qu'un fils, qui est mort sans postérité, et avec lui s'est éteint le nom de Brueys.

LE TEMPLE DES DRUIDES

Ce monument de l'époque celtique est situé dans le parc dépendant du château Bérard, près d'Uzès. C'est une sorte d'excavation creusée primitivement par la nature et contre laquelle un bloc énorme de calcaire détaché de la masse est venu se placer, à une époque immémoriale, en formant un vide, agrandi ensuite par la main de l'homme. En entrant à droite on remarque un vaste autel creusé dans toute l'épaisseur du rocher à deux mètres au-dessus du sol, où l'on ne peut arriver qu'à l'aide d'une échelle. Il existe dans le sens de la profondeur de cet autel deux rigoles, un trou en élipse, et au-dessus une fenêtre longitudinale en forme de meurtière. C'est là, suivant la tradition, que les druides immolaient des victimes humaines. Les rigoles étaient destinées à recueillir le sang qui s'échappait de leurs blessures, et le trou en élipse contenait l'eau lustrale. Puis les cadavres étaient brûlés et la fumée s'en allait par la fenêtre en forme de meurtrière, au-dessus de l'autel. On voit encore des anneaux taillés dans la vive arête des angles saillants de l'excavation qui devaient servir à attacher les victimes avant de les immoler.

Au fond de la caverne se trouvait un escalier représenté encore par quelques marches à peu près détruites, qui permettait d'aboutir au sommet du monument formé d'un bloc en forme de table couchée à plat et reposant sur des piliers verticaux. C'est là le dolmen de nos ancêtres ; c'est là aussi le signe le plus caractéristique du monument druidique.

LE TEMPLE PROTESTANT

—

Le temple protestant, autrefois église et couvent des Cordeliers, n'offre de remarquable que le souvenir qu'il rappelle.

Ce fut en 1271 que les Frères Mineurs ou Cordeliers vinrent s'établir à Uzès, où ils construisirent un couvent et une église du style roman, sur la partie de la promenade de l'Esplanade qui longe aujourd'hui le temple. Cette église et ce couvent furent détruits en 1363 par une bande de routiers. L'année suivante le maréchal d'Audenehan, gouverneur du Languedoc, vint à Uzès, chassa les routiers et donna ordre au maître des forêts du roi de la sénéchaussée de Beaucaire et de Nimes d'assigner à ces religieux, pour les aider à rétablir leur monastère, 40 livres de rente à prendre sur les bois de service appartenant au roi (1). Une nouvelle église fut construite et comme greffée sur la première. Mais elle fut également détruite. En 1853, en faisant opérer des travaux de terrassement sur l'emplacement de l'Esplanade actuelle, on trouva les vestiges de ces deux églises (2), et entr'autres objets une très belle pierre d'autel qui fut transportée à l'hospice et de là dans la crypte, où elle sert d'autel aujourd'hui, et enfin une pierre tumulaire qui porte les mots suivants, en lettres de l'époque Carlovingienne :

VCECIE : QUI : PNTEM
CEPULTURAM : ELEGIT.

Ce serait, d'après M. Germer-Durand, l'épitaphe d'Eléphas, évêque d'Uzès au IX° siècle (3).

(1) Voir *Histoire du Languedoc*, tome 7, p. 242. Ménard, *Histoire de Nimes*, 1. 2.

(2) Voir rapport de M. Bègue, architecte de la ville en 1853.

(3) Mémoires de l'Académie du Gard, 1867-68, p. 111.

Enfin, en 1616, les Cordeliers réédifièrent pour la troisième fois leur église et leur couvent. En 1720, le terrain où est maintenant l'Esplanade, qui leur appartenait, fut cédé à la ville à la condition qu'elle payerait la taille de tous leurs immeubles (1), et en 1790 les protestants obtinrent de l'État la cession des bâtiments claustraux et firent disposer l'église pour les besoins de leur culte, en remplacement du temple très vaste qu'ils avaient fait construire au quartier St-Roman et qui fut détruit lors de la révocation de l'édit de Nantes.

On le voit, le temple protestant actuel n'offre rien de remarquable au point de vue de l'architecture.

~~~~~~~~~~~~

LA TOUR DU TOURNAL

—

En 1096, avant de partir pour la première croisade, le comte Raymond IV de Toulouse, seigneur suzerain d'Uzès, donna au chapitre de cette ville le moulin Bladier, appelé aujourd'hui Moulin du Tournal, situé au bas du parc, dépendant autrefois du palais épiscopal d'Uzès.

A cette époque lointaine, les moyens d'alimentation étaient bien plus rares et moins bien assurés qu'aujourd'hui. Un moulin avait toujours une grande importance, surtout à Uzès, si renommé pour l'excellente qualité de ses blés (2).

Aussi, pour protéger ce moulin, les chanoines firent construire cette tour carrée, que l'on remarque encore au-

(1) Archives municipales. Registre B, 1703-1724.

. (2) On sait que Louis XI, malade à Tours, en 1483, pour hâter sa guérison par une nourriture choisie, fit venir d'Uzès quatorze salmées de farine à l'aide de quatorze mulets superbement harnachés. Probablement cette farine venait de notre moulin Bladier (du Tournal).

jourd'hui, avec ses meurtrières qui la défendaient au couchant du côté du parc, et son unique entrée au levant, audessus d'un précipice. On l'appelle la *Tour du Tournal.*

Très probablement, le moulin se trouvait autrefois au pied même de cette tour, plus au midi que le bâtiment actuel appartenant à la ville. A l'aide d'une simple échelle il était facile au meunier, en cas d'attaque, de s'y réfugier avec sa famille, ses provisions et ses hommes de peine. Serait-on parvenu à forcer l'entrée fort étroite de cette tour, on pouvait, avec la même échelle, parvenir aux étages superposés, ainsi que l'indiquent les trous que l'on remarque dans l'intérieur, et arriver ainsi, en soutenant un siège, à chaque étage, jusqu'au sommet de la tour, où, dès le début de l'attaque, l'alarme était donnée à l'aide de signaux.

Plus tard, lorsque la ville, pour se garantir des Routiers, fit construire des tours à grande distance de son enceinte, celle du Tournal fut utilisée. Elle communiquait avec la Tourasse, que l'on remarque encore dans la plaine des Fouses, au milieu d'une prairie, près d'un moulin appartenant à M. Chambon (1). C'est peut-être de cette époque

(1) Il y avait en effet autrefois, à une distance assez éloignée d'Uzès et s'étendant de l'est à l'ouest, des tours servant tout à la fois de défense et de ligne télégraphique. Les signaux étaient faits à l'aide de grands feux. On les apercevait la nuit par l'éclat de leur lumière et le jour par la colonne de leur fumée. Ces tours, dont quelques-unes existent encore, étaient ainsi disséminées :

La tour du Mas des Agaces, appartenant à M. de Flaux.

Celle des Ovis, près le domaine de M. Ludovic Aubauzit, juge à Uzès.

La Tourasse, dont nous avons déjà parlé.

La tour de Vacquière, entièrement détruite et qui était située au domaine de M. Abel de Robernier, qui porte, à cause de ce souvenir, le nom de domaine de la Tour, placée au nord d'Uzès.

La tour de St-Médiers, appartenant à M. Ferrand de Missol, dite Tour Parabère, plus au couchant.

La tour d'Aigaliers.

Et enfin l'arc de Baron, qui barrait en quelque sorte l'entrée de la contrée du côté du couchant (Manuscrit de M. Abauzit).

que datait la juridiction de la ville sur le Tournal ; mais le moulin qui en dépendait resta la propriété des chanoines jusqu'à la révolution. Ils en abandonnèrent toutefois momentanément la jouissance, voici dans quelles circonstances :

A l'époque de la Réforme, Mgr Jean de Saint-Gelais, 53e évêque d'Uzès, adopta les idées nouvelles et engagea ses ouailles à l'imiter (1). Indigné de la conduite de son évêque, le chanoine Gabriel Froment, prévôt du chapitre, monta en chaire et anathématisa Mgr de St-Gelais et tous ses adhérents (2).

Quelques années après, l'évêque de St-Gelais fut dépossédé de son siège épiscopal par le pape Pie V, pour avoir embrassé la doctrine de Luther; mais s'étant repenti, il lui fut accordé une pension alimentaire qui devait lui être payée par le chapitre d'Uzès. C'est alors que le chapitre lui abandonna les revenus du Moulin du Tournal.

Un plaisant de la cour, en apprenant cette circonstance au roi, lui dit : voilà l'évêque de St-Gelais meunier, ce qui donna naissance au dicton populaire que : *d'évêque on devient quelquefois meunier* (3).

La tour dite le Tournal, ainsi que le parc qui l'avoisine, appartiennent aujourd'hui au duc d'Uzès.

Lionel D'ALBIOUSSE.

---

(1) Mémoires de Baille, page 36.

(2) C'est en souvenir du zèle pour la religion que le chanoine Froment déploya à cette époque, que le roi, par lettres-patentes du mois d'avril 1748, créa baron de Castille messire Gabriel de Froment d'Argilliers, parent du chanoine.

(3) Charvet, *Première Maison d'Uzès,* page 48.

TABLE DES MATIÈRES

Des Monuments d'Uzès

———✳———

Uzès. — Imprimerie H. MALIGE.

DU MÊME ÉDITEUR

Chez M. MARESCQ aîné, éditeur à Paris

et à Uzès à l'Imprimerie MALIGE

Le Casier de l'Etat civil, sur le modèle du Casier judiciaire ;

De la suppression du crime de bigamie, par l'établissement du casier de l'Etat civil ;

Le Casier de l'Enregistrement, sur le modèle du Casier judiciaire ;

La Crypte d'Uzès ;

Notice historique et généalogique sur la famille de Massilian ;

Guide archéologique dans la Crypte d'Uzès.

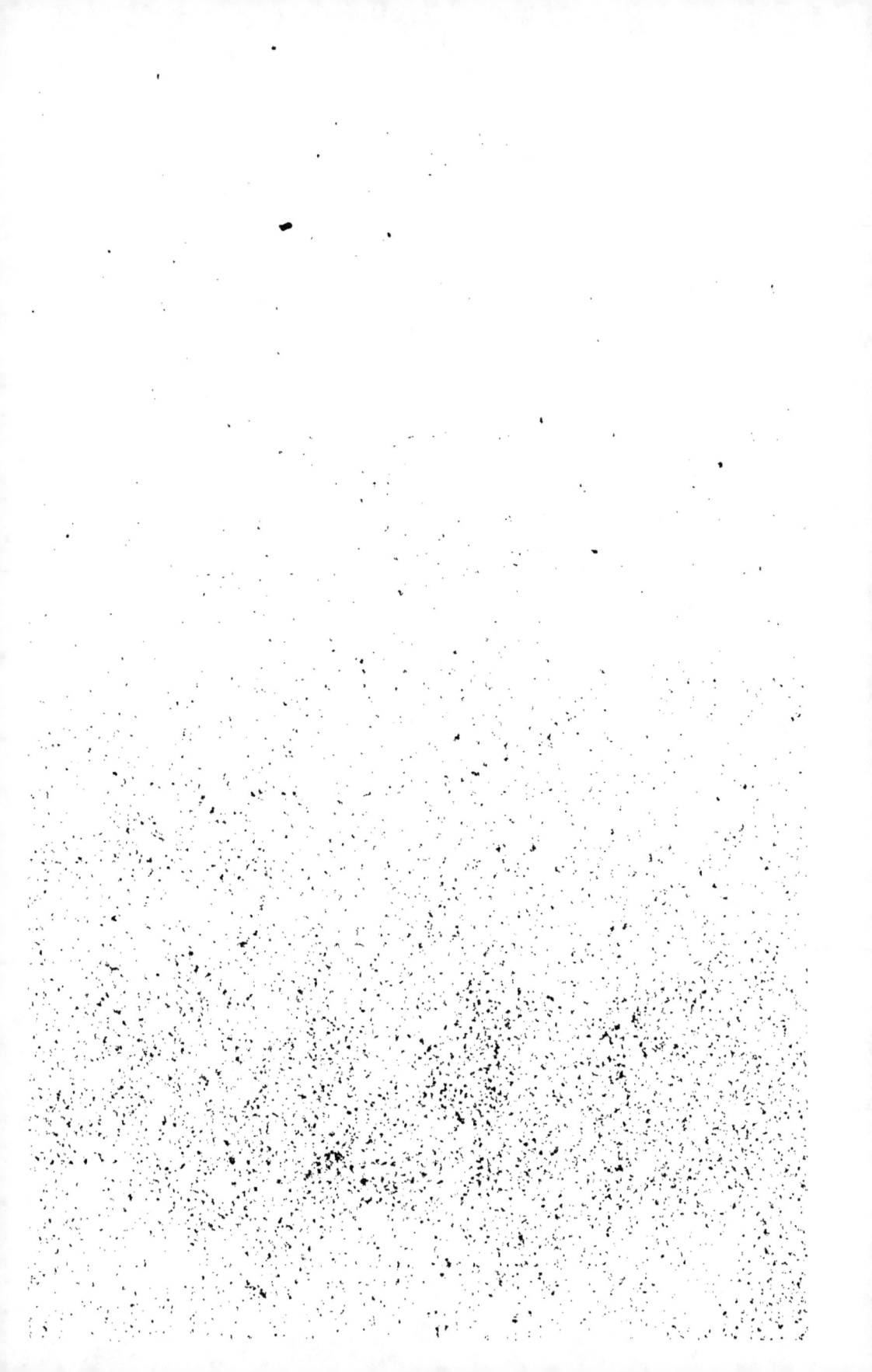

www.ingramcontent.com/pod-product-compliance
Lightning Source LLC
LaVergne TN
LVHW022121080426
835511LV00007B/956